Un cahier de vacances
pour réviser
tout en s'amusant

Matériel :

- -1 crayon à papier
- -1 gomme
- - Des crayons de couleurs

Si utilisation de crayons feutres placer une feuille derrière pour éviter les débordements.

1

Le cahier de Vacances de :

écris ton nom

Pendant

les grandes

vacances

un peu

d'écriture

Entraîne-toi!

Bouée

Entraîne-toi!

Chapeau

Entraîne-toi!

Entraîne-toi!

La piscine

Entraîne-toi!

Une fleur

Le jeu de:
à sa place?

Remets les lettres
dans le bon ordre pour
trouver le mot

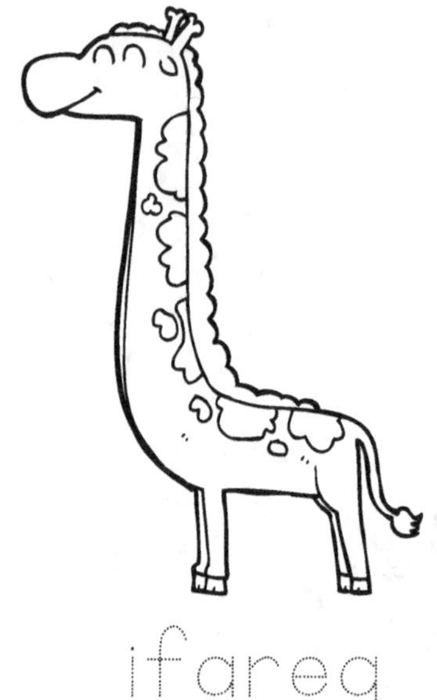

ifareg

uneag

....

cas

eoangr

....

ulentset

. . . .

hpcauae

. . . .

lpoasra

. . . .

evrouit

. . . .

ténlaéhp

. . . .

npoalpli

. . . .

ucadea

. . . .

lrieve

. . . .

evsail

. . . .

rvuetenailt

. . . .

ebhocu

. . . .

ncehi

. . . .

Le jeu de l'intrus?

Trouve qui est l'intrus?

L'intrus est celui qui ne commence pas par la même lettre.
je te donne un exemple dans la page suivante

Qui est l'intrus?

Voici 4 dessins.
Colorie tous ceux qui commencent
par la lettre A

Serpent

Abeille

Ane

Avion

La réponse est : serpent
c'est le seul qui ne commence pas par A

Qui est l'intrus?

Voici 4 dessins.
Colorie tous ceux qui commencent
par la lettre B

Balance

Ballon

Bananes

Yack

Solution : Yack

Qui est l'intrus?

Voici 4 dessins.
Colorie tous ceux qui commencent
par la lettre C

Canard

Cerise

Cheval

Sac

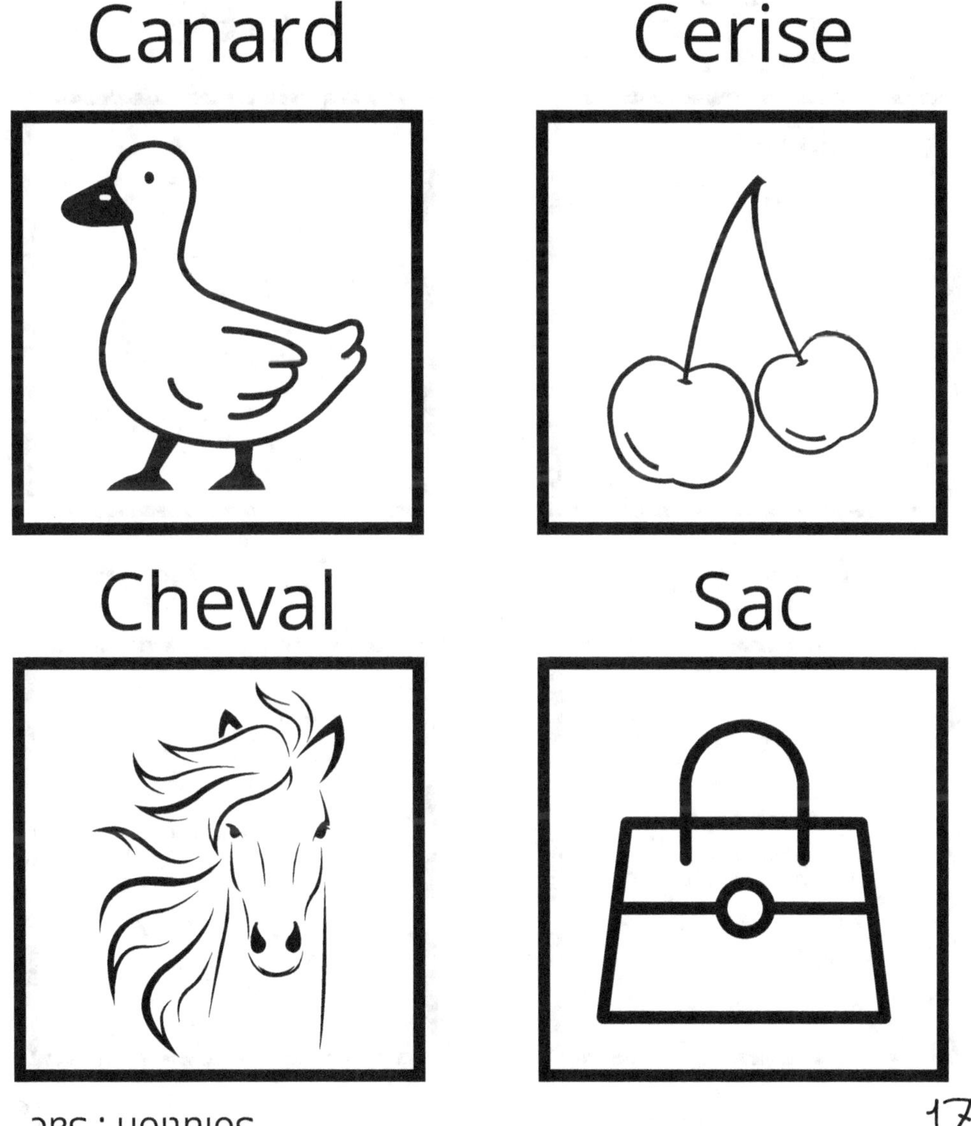

Qui est l'intrus?

Voici 4 dessins.
Colorie tous ceux qui commencent
par la lettre D

Cerise

Dés

Datte

Dindon

Solution : Cerise

Qui est l'intrus?

Voici 4 dessins.
Colorie tous ceux qui commencent
par la lettre E

Ampoule

Elan

Eléphant

Eglise

Solution: Ampoule

Qui est l'intrus?

Voici 4 dessins.
Colorie tous ceux qui commencent
par la lettre F

Fourmi

Dés

Fer à repasser

Fleur

Solution : Dés

Qui est l'intrus?

Voici 4 dessins.
Colorie tous ceux qui commencent
par la lettre G

Girafe

Goelan

Gants

Abricot

Solution : Abricot

Qui est l'intrus?

Voici 4 dessins.
Colorie tous ceux qui commencent
par la lettre I

île

Indien

Panier

Iguane

Solution : Panier

Qui est l'intrus?

Voici 4 dessins.
Colorie tous ceux qui commencent
par la lettre J

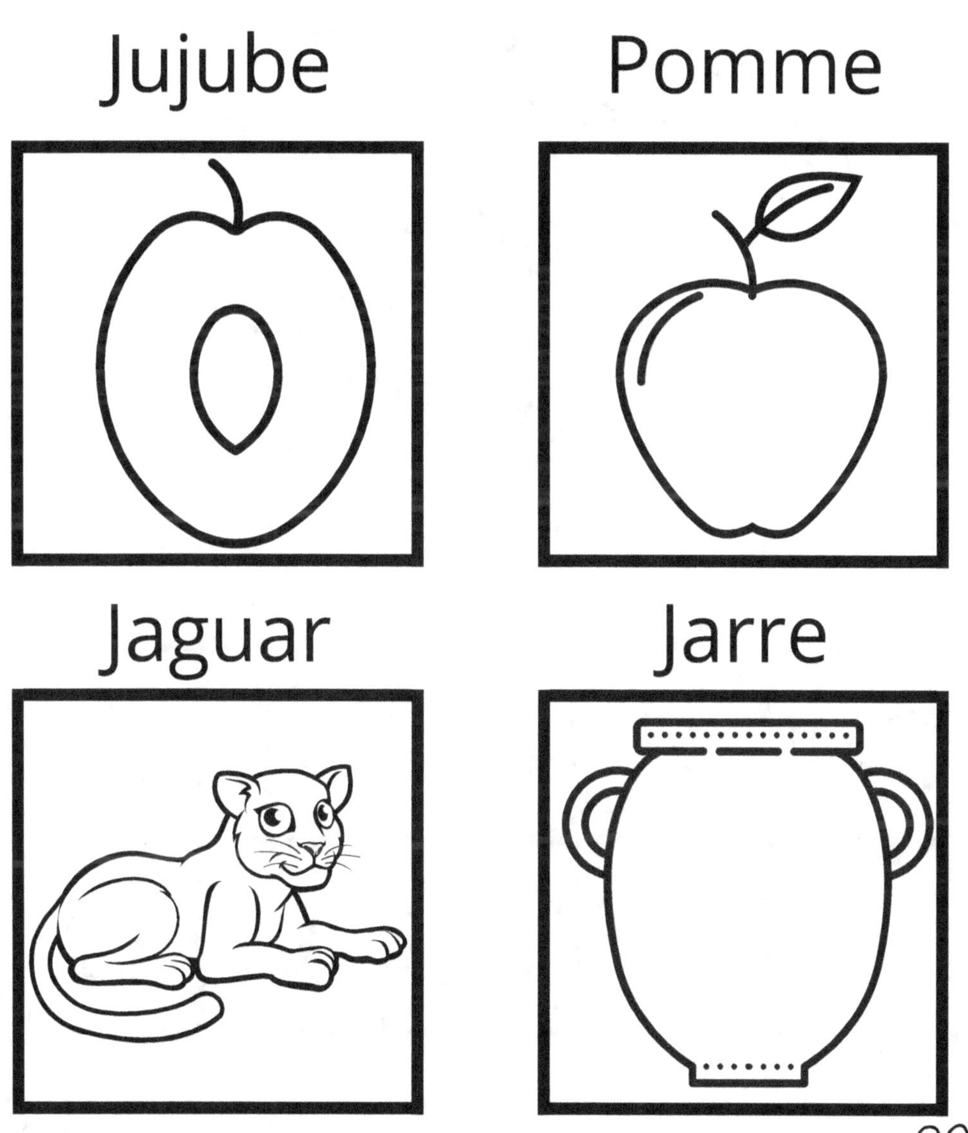

Solution : Pomme

Le jeu du codage

B	R	A	V	O

Utilise le code secret pour découvrir les mots cachés.

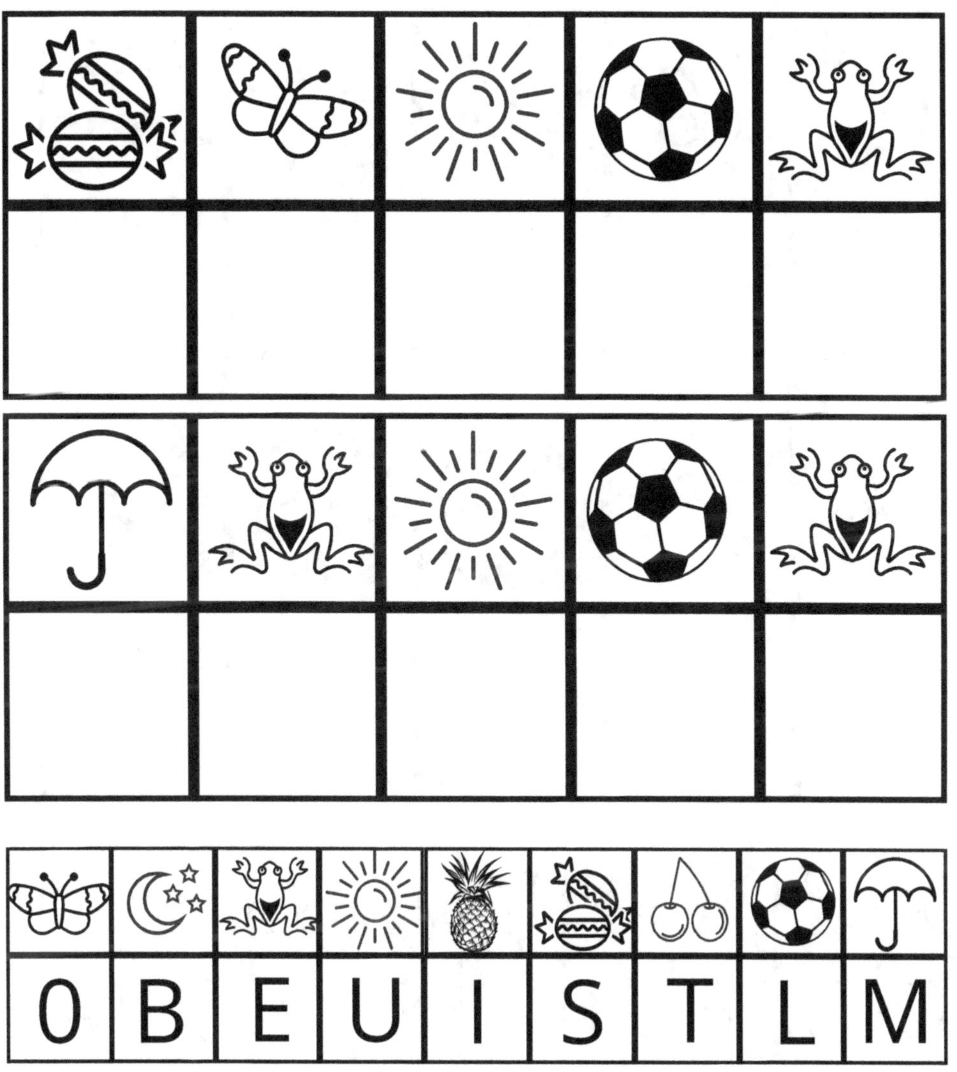

Utilise le code secret pour découvrir les mots cachés.

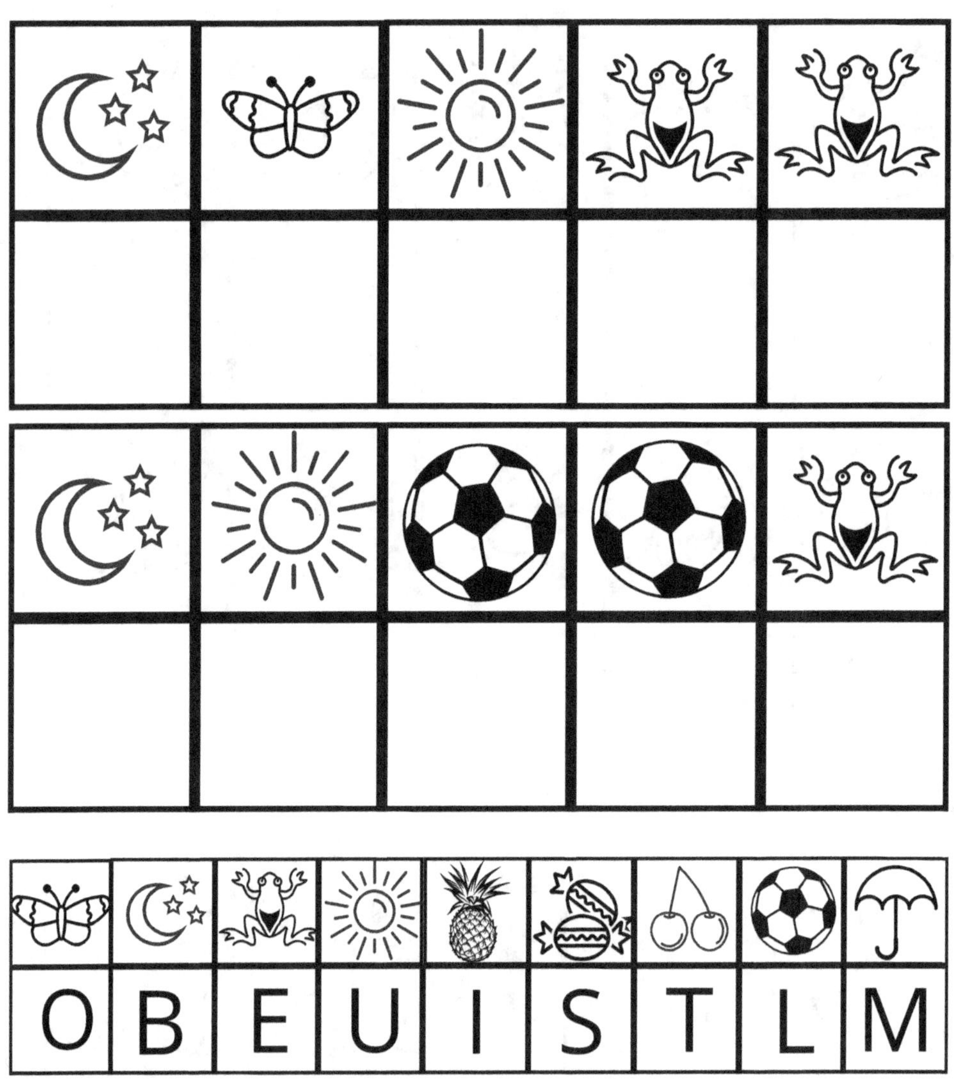

Solution: bouée - bulle

Utilise le code secret pour découvrir les mots cachés.

Solution : poule - plume

Jeu du

Féminin
et
Masculin

Colorie les noms féminins en rouge et les noms masculins en bleu

Aide :

nom féminin quand tu peux placer devant le nom **une**

ex : une poule

nom masculin quand tu peux placer devant le nom **UN**

ex : un chien

C'est à toi
rouge féminin bleu masculin

Solution : féminin : pomme, fraise, poire
masculin : poivron, citron, oignon

C'est à toi
rouge féminin bleu masculin

C'est à toi
rouge féminin bleu masculin

Solution : féminin : tomate, boîte, jupe
masculin : raisin, biberon, banc

Je découvre les saisons

Ecris le mot qui manque
en t'aidant de la liste ci-dessous

été,printemps, juillet, octobre, hiver
mars, automne,décembre

En .... la neige tombe, c'est la saison de ....

L' .... je nage dans la piscine il fait chaud au mois de ....

C'est l' ....les feuilles tombent, c'est pendant le mois d'.........................

C'est le .... les fleurs sortent, vive le jolie mois de ....

Solution: décembre - l'hiver
été - juillet
automne - octobre
printemps - mai

Le jeu du double

Colorie les deux identiques
ce qui veut dire de la même taille,
de la même couleur ...

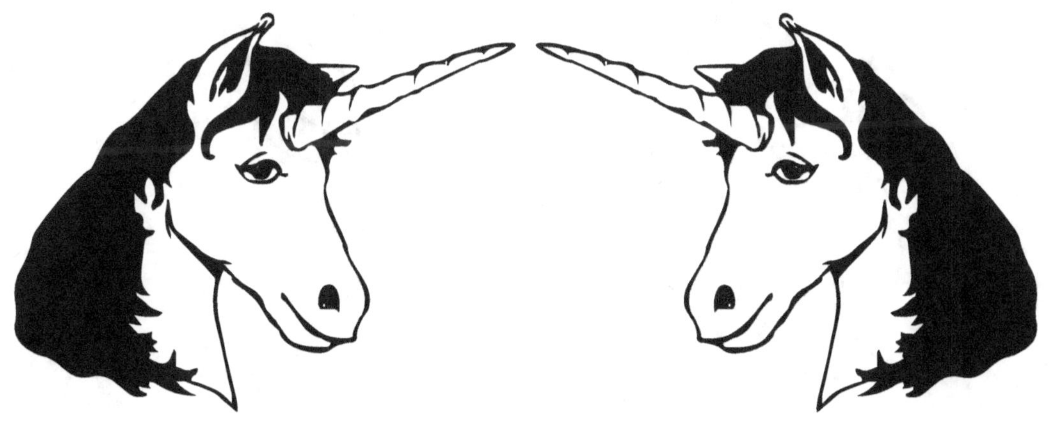

35

Colorie les deux licornes identiques

Colorie les deux chats identiques

Solution : jeu des doubles

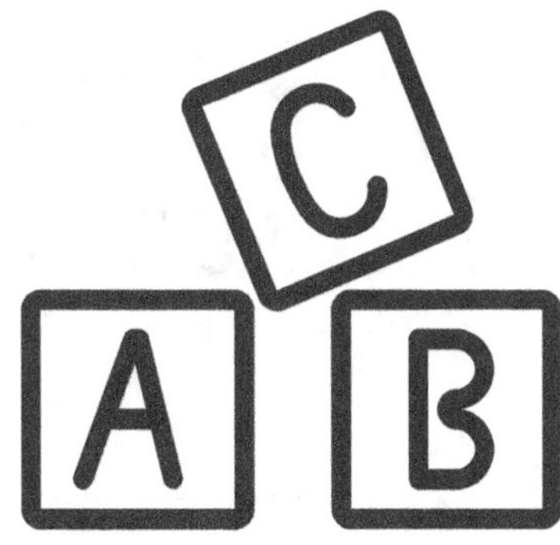

Jeu de l'orthographe

Entoure la bonne orthographe du dessin

poire

piore

poirre

Cerisse

Cerise

Serice

Grenouille

Grenouile

Gernouille

Devinettes

Mon nom a trois syllabes,
commence par la lettre P
je suis un vêtement
qui suis-je ?

....

Réponse : pantalon

Mon nom a deux syllabes,
commence par la lettre E
Je suis un endroit où il y a beaucoup
d'enfants sauf le samedi et le
dimanche
qui suis-je ?

....

réponse : Ecole

Charades

jeux où l'on doit deviner un mot dont chaque syllabe fait
l'objet de définition.

Mon premier: "on y danse tous en rond"
Mon deuxième est au bout de la jambe
Mon tout se sont des hommes courageux qui
sauvent des vies

. . . .

Solution: Pompiers

Mon premier laisse des traces
Mon deuxième est un petit rongeur
Mon troisième tombe du ciel
Mon tout sert à se protéger pour ne pas se
mouiller

. . . .

Solution: Parapluie

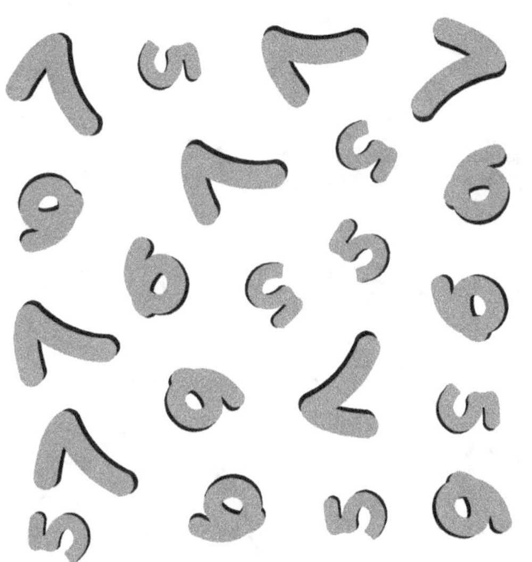

Les chiffres

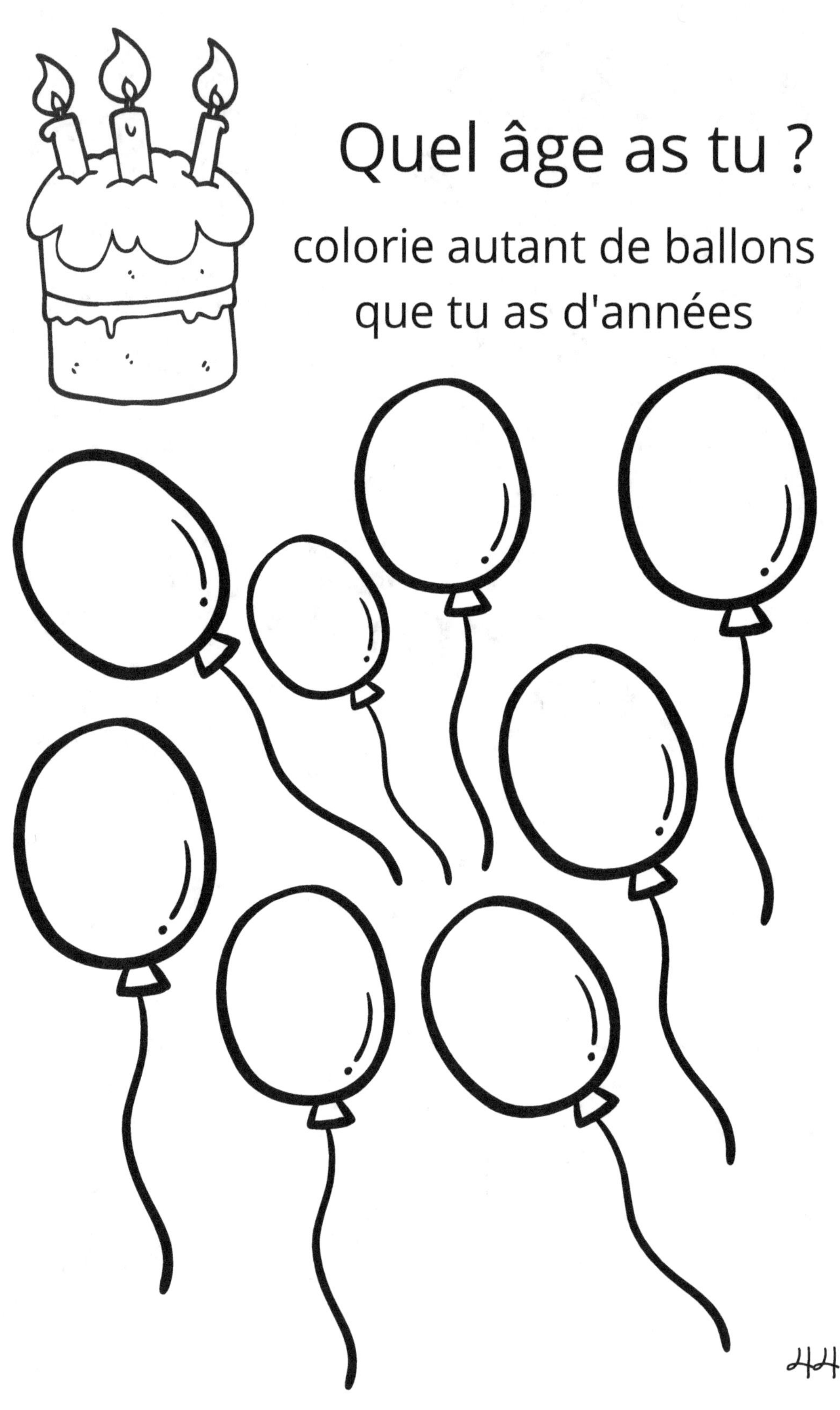
Quel âge as tu ?
colorie autant de ballons
que tu as d'années

Le nombre juste

Compte les vaches et entoure
le chiffre juste

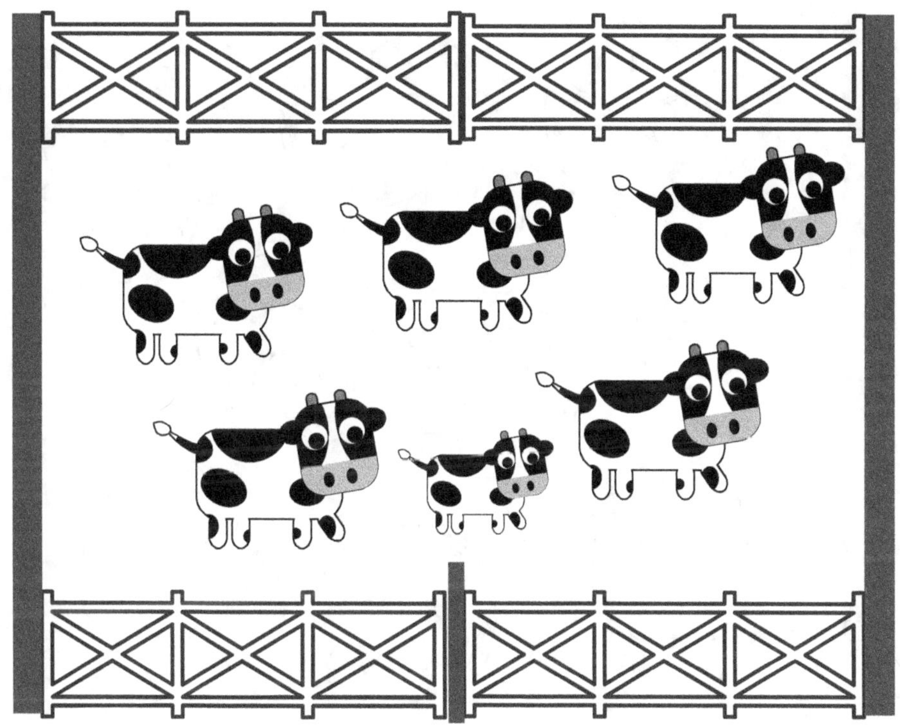

7   5   8   6

Le nombre juste

Compte les ballons et entoure
le chiffre juste

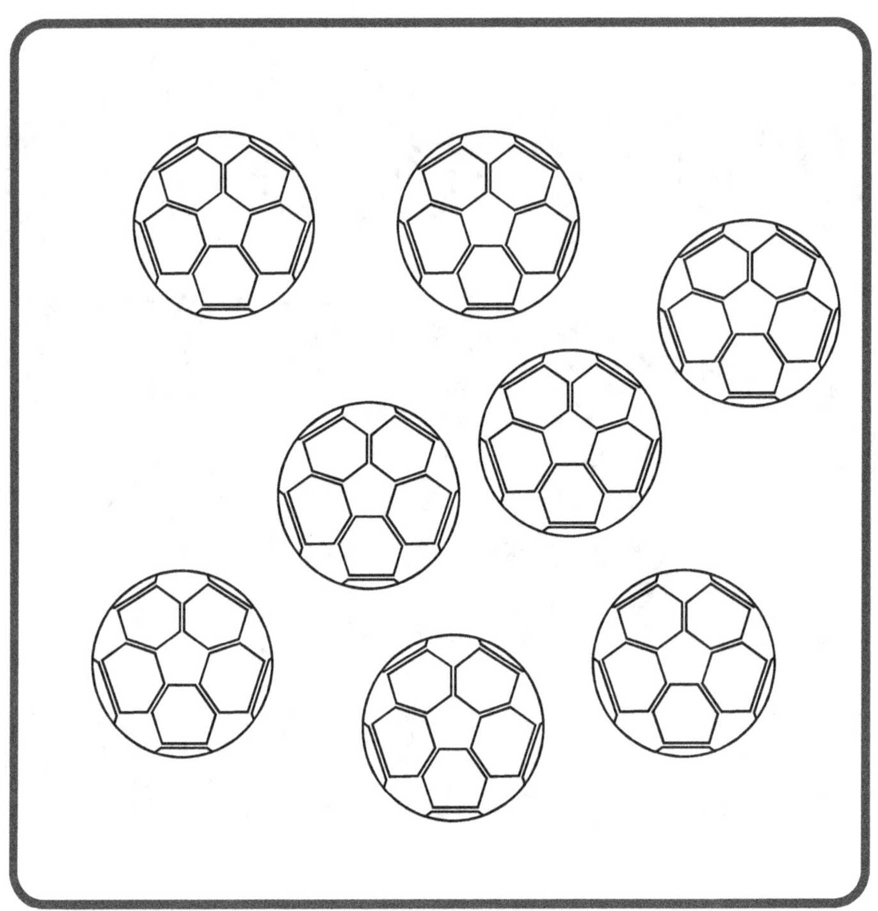

7   4   8   9

Solution : 8

46

Le nombre juste

Compte les poussins et entoure
le chiffre juste

7   8   6   10

Soluti: 6

Continue ces suites de nombres

5 7 9 . . . .

6 8 10 . . . .

10 15 20 . . . .

48

Range du plus petit au plus grand

2   8   10   3   22   33   65

Entoure seulement les nombres pairs.

2   8   10   3   24   33   1

Entoure seulement les nombres impairs.

4   9   12   3   24   33   1

Additions

complète les tables d'addition

+	2	5	3
4			
10			
5			
7			
3			

Solution

+	2	5	3
4	6	9	7
10	12	15	13
5	7	10	8
7	9	12	10
3	5	8	6

 # Additions 

| 24 |
+ 4

| 38 |
+ 3

| 14 |
+ 14

| 22 |
+ 12

| 13 |
+ 12

| 10 |
+ 4

Additions

```
   36          28
 + 24        + 13
 --------     ---------


   54          22
 + 24        + 12
 ---------    ---------


   33          74
 + 17        + 14
 ---------    ---------
```

 # Soustractions 

$$6 - 4 = $$ __________

$$3 - 1 = $$ __________

$$9 - 3 = $$ __________

$$8 - 2 = $$ __________

$$8 - 4 = $$ __________

$$9 - 3 = $$ __________

Soustractions

16
- 4

13
- 2

19
- 7

18
- 6

23
- 3

29
- 9

La suite logique
Bébé, landeau, biberon

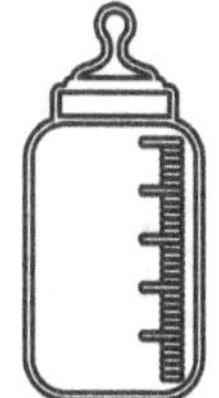

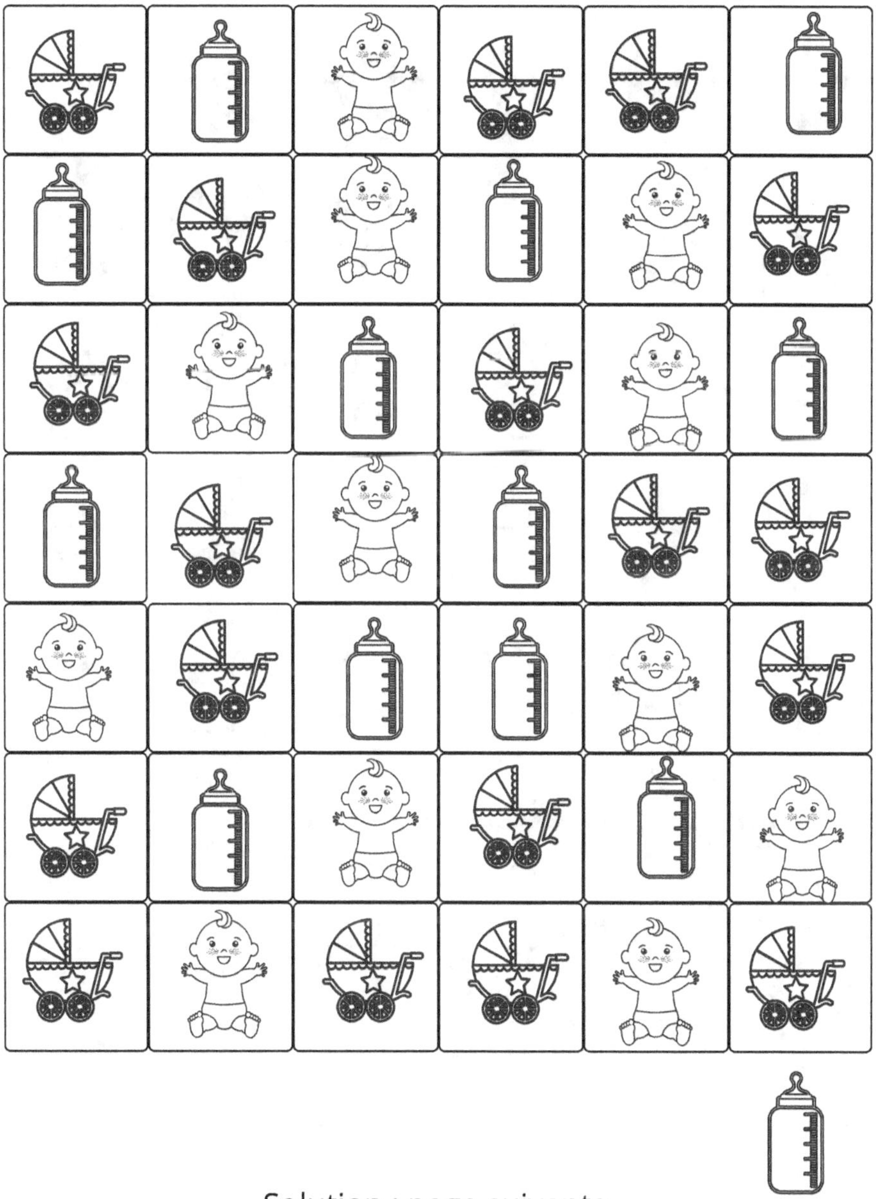

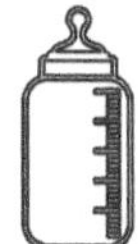

Solution : page suivante

La suite logique

Bébé, landeau, biberon

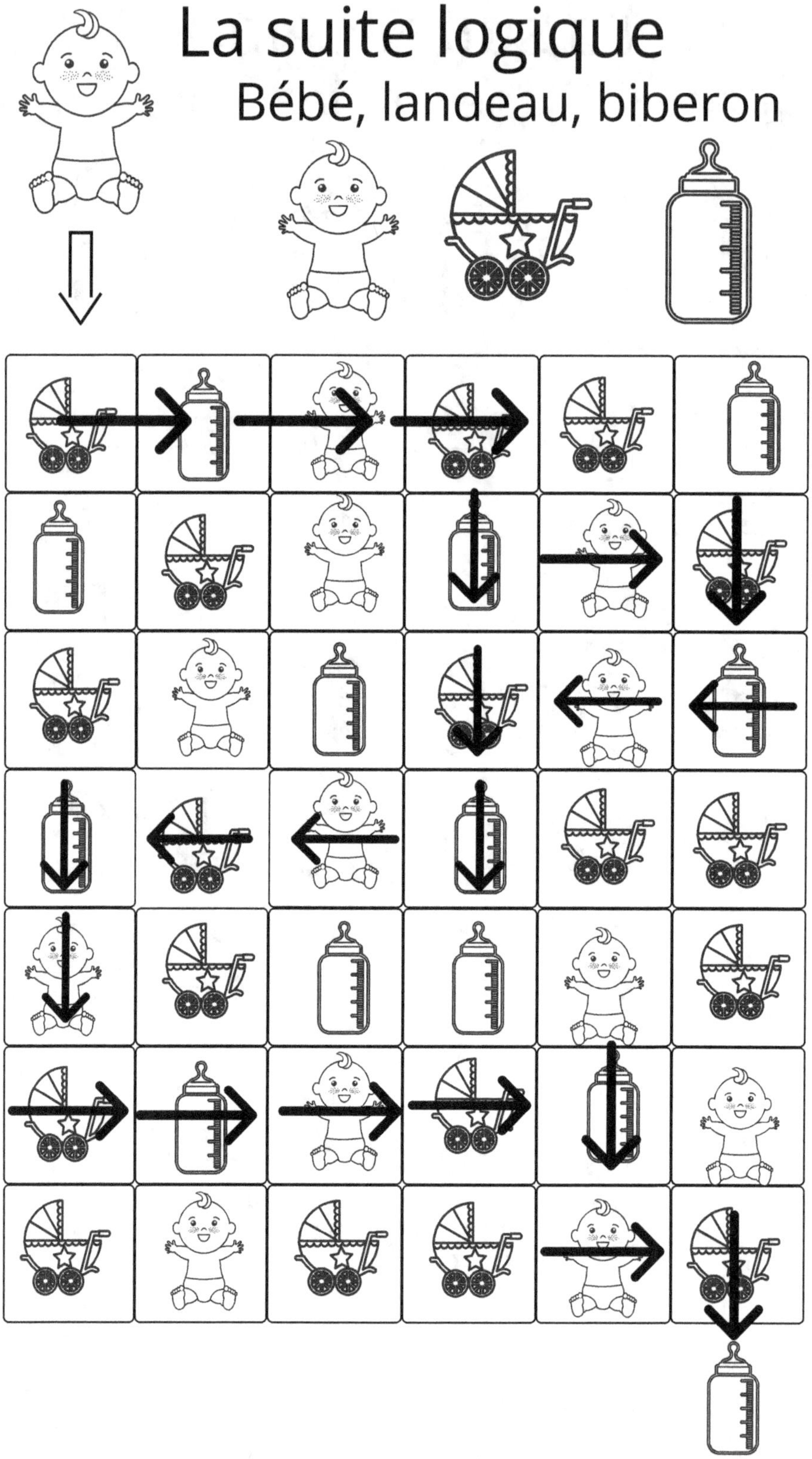

  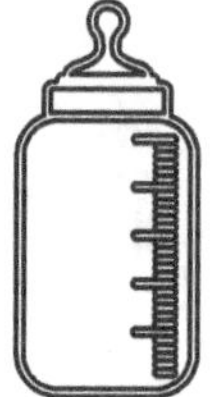

Aide le chien à trouver sa gamelle en partant du chien

colorie les cases en suivant le codage

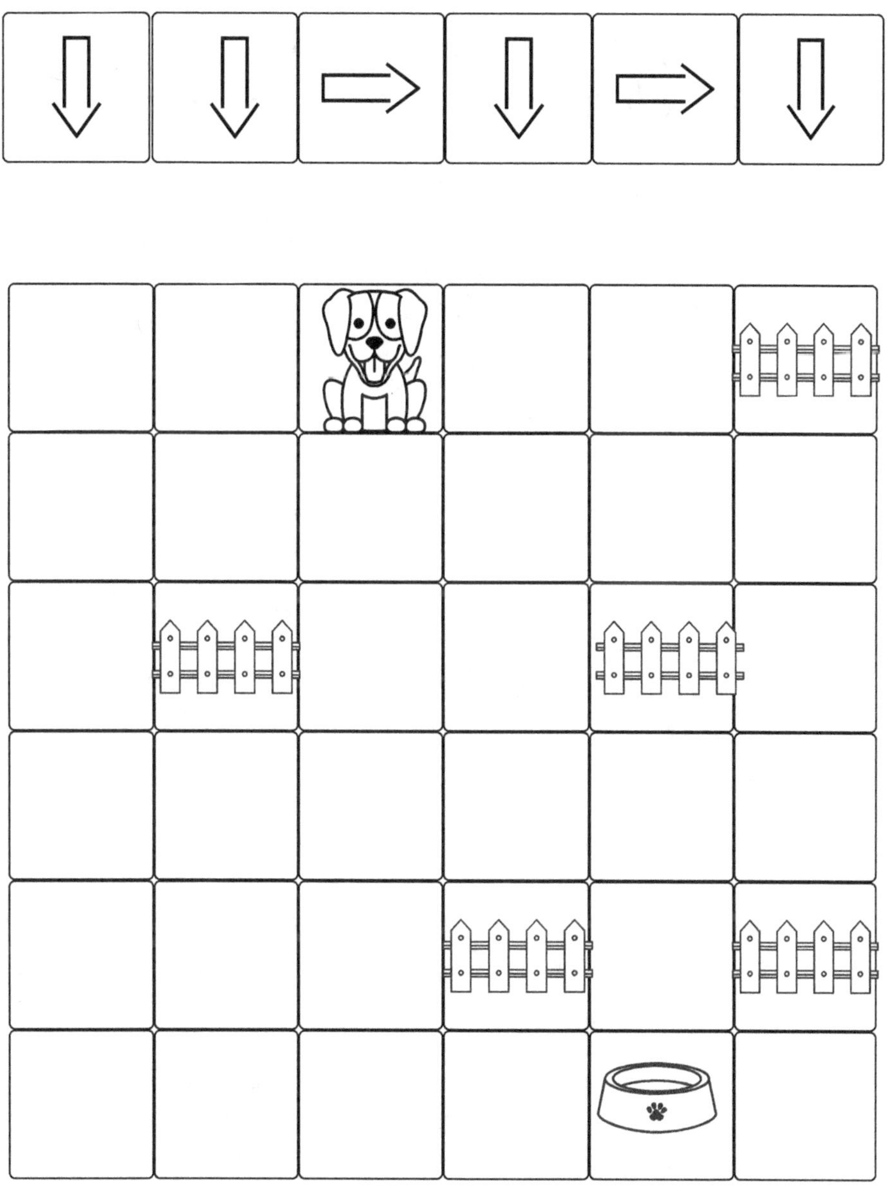

Aide le chien à trouver sa gamelle
en partant du chien
colorie les cases en suivant le codage

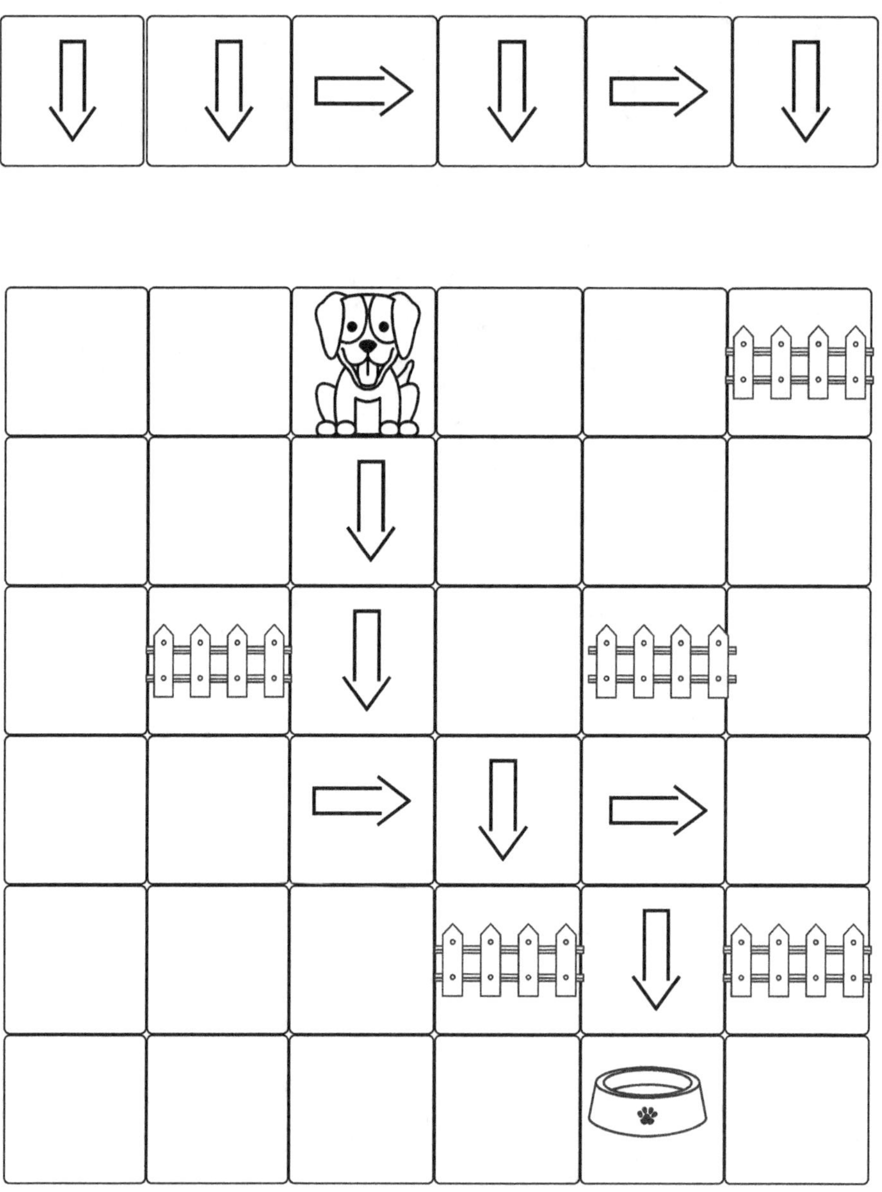

```
C B A J J S C T P T E C
H V Q A Q Q O O R E W N
Â R J K R I F C N R K Z
T N S E R U C X Q T G J
A E M A O B
I I H K C H
G C W O K Q
N C O N T R
E C V E X O
L B Z C O N
C H Â T A I
Y N F Q E S
```

```
C B A J J S C T P T E C
H V Q A Q Q O O R E W N
Â R J K R I F C N R K Z
T N S E R U C X Q T G J
A E M A O B G S G Q E J
I I H K C H A S S E U R
G C W O K Q O W H W Z H
N C O N T R Ô L E U R G
E C V E X O D A L P K C
L B Z C O N T R A I R E
C H Â T A I G N I E R F
Y N F Q E S S A H C R P
```

Mots mêlés

à jouer tous ensemble en famille

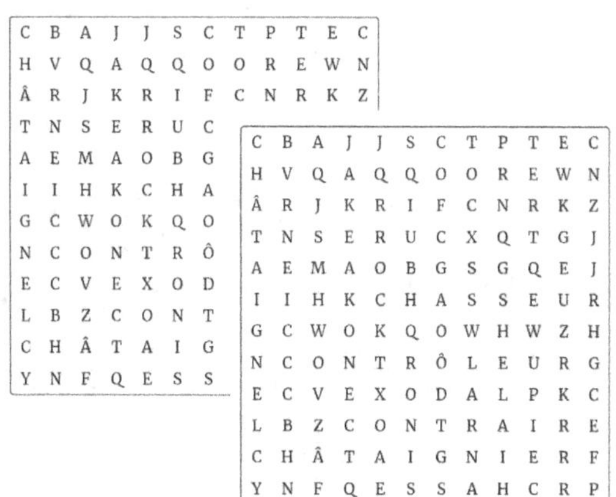

```
C B A J J S C T P T E C
H V Q A Q Q O O R E W N
Â R J K R I F C N R K Z
T N S E R U C
A E M A O B G
I I H K C H A
G C W O K Q O
N C O N T R Ô
E C V E X O D
L B Z C O N T
C H Â T A I G
Y N F Q E S S
```

```
C B A J J S C T P T E C
H V Q A Q Q O O R E W N
Â R J K R I F C N R K Z
T N S E R U C X Q T G J
A E M A O B G S G Q E J
I I H K C H A S S E U R
G C W O K Q O W H W Z H
N C O N T R Ô L E U R G
E C V E X O D A L P K C
L B Z C O N T R A I R E
C H Â T A I G N I E R F
Y N F Q E S S A H C R P
```

Mots mêlés
thème "Divers"

M	B	G	V	V	T	Z	W	F	V	T	U
R	U	E	T	L	U	C	I	R	G	A	J
A	T	I	U	A	E	D	N	A	B	F	N
F	R	I	P	E	P	J	B	K	S	W	O
F	O	E	D	U	Z	I	S	B	H	C	J
A	P	B	L	X	K	C	Y	X	U	E	R
I	O	L	X	G	R	P	D	I	B	H	C
R	R	I	E	C	I	I	H	E	J	E	R
E	É	A	A	D	G	A	R	L	L	J	J
J	A	R	H	O	V	A	G	N	E	A	U
D	L	A	F	F	I	C	H	E	D	S	R
U	I	G	O	O	O	D	T	J	H	T	B

AFFAIRE - AFFICHE - AGNEAU
AGRICULTEUR - AIGLE - AIL
AEROPORT - BANDEAU

Mots mêlés
thème "Divers"

```
Y L B B Z P R Q U M S T
J B B A A I A Y T K L B
M X S G R N F R S P A F
A E C X Y Q Q J F R J P
K Y E E D Z U U R S M P
V G U G F N H E I P N F
K U C A B X A P E E O E
C I E R D U Z U G D R E
S X B R P W Q S A R D X
H C R A E N V N A S Z Z
T Z A B A Q N B M T I F
F H B B B A N L I E U E
```

BANLIEUE - BANQUE - BANQUIER
BARBECUE - BARQUE
BARRAGE - BARRE - BARREAU

Mots mêlés
thème "Divers"

F	A	D	U	L	T	E	R	P	T	D	H
B	U	N	Q	E	L	R	M	C	C	M	G
F	A	O	O	X	S	J	M	J	T	W	T
P	C	É	G	I	A	V	A	O	A	Z	X
S	R	D	H	A	T	P	C	D	E	J	K
S	O	R	G	B	W	I	R	U	E	J	Y
S	B	O	L	J	R	E	D	L	V	E	Q
G	A	C	S	B	S	Y	L	D	D	K	X
P	T	C	A	S	S	I	K	Z	A	N	R
O	E	A	E	W	E	L	J	N	Y	I	V
B	F	R	B	B	K	A	B	R	I	A	C
O	Z	E	A	L	J	F	Q	O	G	M	S

ABEILLE - ABRI - ABRICOT
ACCORDEON - ACROBATE
ADDITION - ADRESSE - ADULTE

Mots mêlés
thème "Divers"

```
B  S  Z  Q  B  O  C  A  L  H  I  L
X  B  Z  E  F  M  S  W  Z  F  H  M
M  H  A  B  A  R  R  E  T  T  E  M
Q  D  Z  R  A  E  B  O  A  P  R  Z
J  H  C  K  R  P  S  O  B  Z  Y  D
Y  X  I  Q  C  I  C  I  S  L  J  B
O  O  N  H  O  U  È  C  L  G  É  L
U  V  E  C  C  H  H  R  X  G  H  O
Z  H  M  B  O  B  I  N  E  C  É  U
R  Y  U  W  K  X  I  P  W  P  W  S
I  O  E  W  C  A  D  Z  P  R  S  O
M  M  E  F  E  X  L  F  A  I  H  N
```

BARRETTE - BARRIERE - BLOUSON
BOA - BOBINE
BOCAL - EGLISE

Solution : page suivante

le bavoir a disparu dans la photo 2
accent sur le e de bébé a disparu dans la photo 2
le bébé a un noeud noir
il y a une étoile de plus ainsi qu'un rond noir
Il y a une sucette de plus
Il y a un hochet de plus

Coloriages

Colorie les 6 cadeaux

1 bleu, 1rouge, 1vert, 1jaune, 1orange, 1 violet

Colorie avec toutes les couleurs les crayons

67

71

73

Atelier Créatif

Pendant tes vacances sur les pages blanches de ce cahier

Dessine
colle tes souvenirs
Colle des photos
laisse libre court
à ton imagination

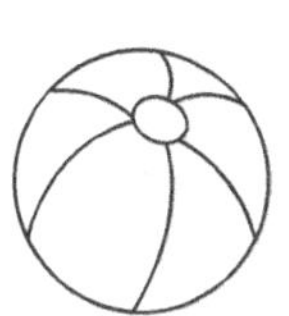

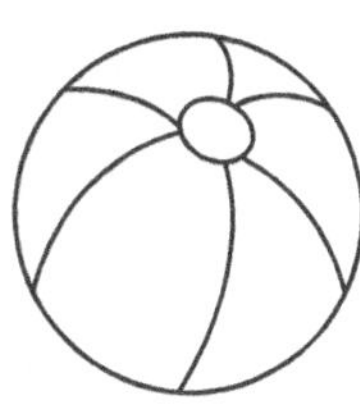

84

Ecriture

Entraîne toi à l'écriture

tu peux écrire par exemple
le nom de tes copains de
vacances ou
de courtes phrases pour
raconter ce que tu fais en
vacances.

Solutions des jeux

Solution du "jeu à sa place"
P 10-11-12-13

Solution des pages
51 – 52 – 53 – 54

24 + 4 ---------- 28	38 + 3 ---------- 41
14 + 14 ---------- 28	22 + 12 ---------- 34
13 + 12 ---------- 25	10 + 4 ---------- 14

36 + 24 ---------- 60	28 + 13 ---------- 41
54 + 24 ---------- 78	22 + 12 ---------- 34
33 + 17 ---------- 50	74 + 14 ---------- 88

6 - 4 ---------- 2	3 - 1 ---------- 2
9 - 3 ---------- 6	8 - 2 ---------- 6
8 - 4 ---------- 4	9 - 3 ---------- 6

16 - 4 ---------- 12	13 - 2 ---------- 11
19 - 7 ---------- 12	18 - 6 ---------- 12
23 - 3 ---------- 20	29 - 9 ---------- 20

Solution mots mêlés

Pages : 60-61-62-63

Mots Mêlés 1

```
A  D  U  L  T  E
   N
A  O  O                    T
C  É     I           O  A
R  D        T     C  D
O  R           I  R     E
B  O        R  E  D  L
A  C     B  S     L  D
T  C  A  S        I        A
E  A  E     E
            B     A  B  R  I
         A
```

Mots Mêlés 2

```
R  U  E  T  L  U  C  I  R  G  A
A  T     U  A  E  D  N  A  B
F  R
F  O  E
A  P     L
I  O  L     G
R  R  I           I
E  É  A              A
      A                 A  G  N  E  A  U
      A  F  F  I  C  H  E
```

Mots Mêlés 3

```
   B  B
      A  A                          B
         R  N                    A
            Q  Q              R
   E  E        U  U  R
   U  G           E  I
   C  A           A  E     E
   E  R        U     U        R
   B  R           Q        R
   R  A        N           A
   A  B  A              B
   B  B  B  A  N  L  I  E  U  E
```

Mots Mêlés 4

```
            B  O  C  A  L
   B
      A  B  A  R  R  E  T  T  E
      R     E  B  O  A
      R        S     B
         I        I     L        B
            È     L     É  L
               R        G        O
   B  O  B  I  N  E     É  U  S
                              S
                              O
                              N
```

FÉLICITATIONS !

Diplome du cahier de vacances terminé avec succés attribué à

7

2020

TOUTE L'ÉQUIPE TE FÉLICITE POUR TA RÉUSSITE
ET TE SOUHAITE DE JOYEUSES VACANCES ET
UNE BONNE RENTRÉE DES CLASSES
À BIENTÔT POUR DE NOUVELLES AVENTURES